ABÉCÉDAIRE

NOUVEAU,

OU MÉTHODE AMUSANTE

Pour apprendre à lire aux enfans.

TROISIÈME ÉDITION,

ORNÉE DE CINQUANTE - DEUX FIGURES

GRAVÉES EN TAILLE-DOUCE.

Dédié aux Pères et Mères de famille.

Approuvé par les Instituteurs.

A PARIS.

Chez DELION, rue Copeau, N°. 499.

An XI. — 1802.

(4)

AUX MÈRES TENDRES

Ma petite Maman, embrasse ton enfant
il sera bien Gentil.
ce n'est pas tout d'être Gentil,
il faut encore apprendre à lire.

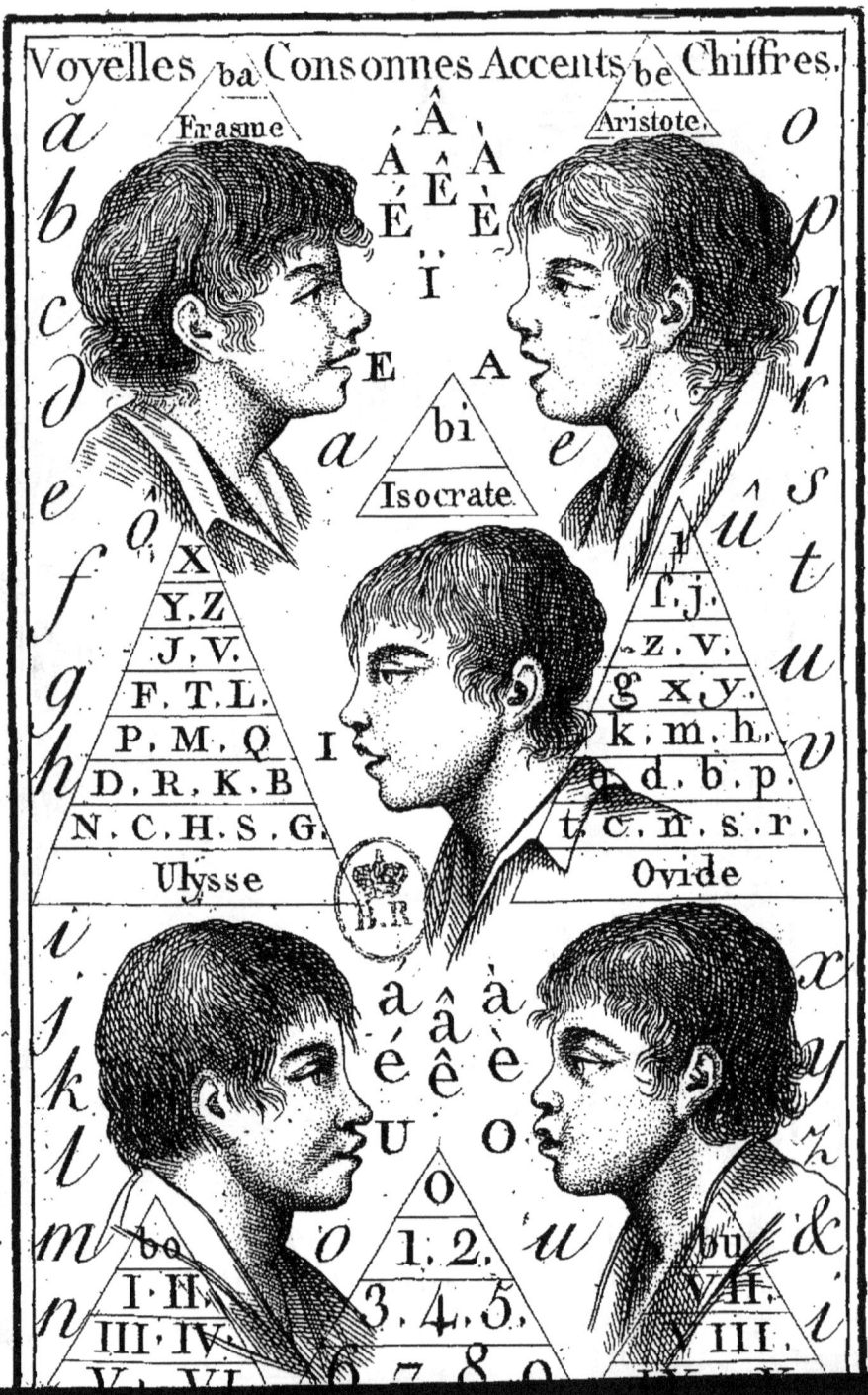

A	B	C	D
E	F	G	H
I	J	K	L	M
N	O	P	Q
R	S	T	U
V	X	Y	Z

(7).

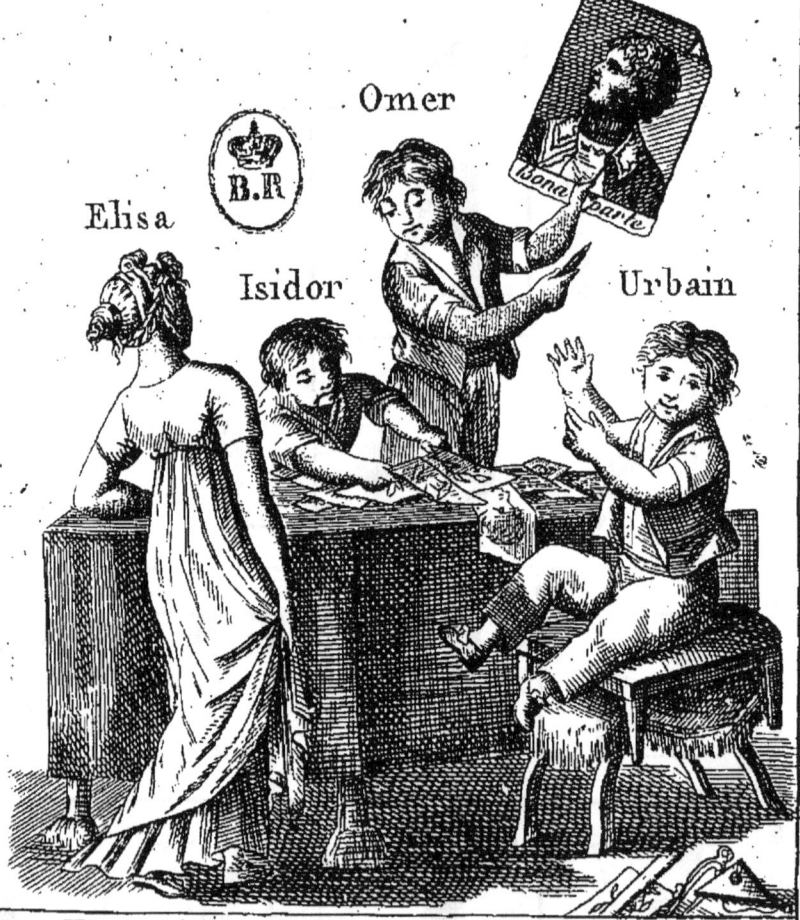

GROUPE D'ENFANS S'AMUSANT À DÉSSINER. OMER SE LÈVE, ET DIT: JE VOUS DÉFIE D'EN FAIRE UN PAREIL.

Le Travail porte avec lui sa récompense; après le Travail la Récréation.

(8)

a	b	c	d
e	f	g	h
i j	k	l	m
n	o	p	q
r	s	t	u
v	x	y	z

u-ne ca-ra-fe.	de la den-tel-le.	un ser-pent.	des bas.
u-ne ca-ge.	u-ne four-chet-te.	le soleil.	u-ne pi-pe.
un ver-re.	un mou-ton.	u-ne fem-me.	u-ne chai-se.
des os.	un loup.	un fau-teuil.	la lu-ne.

MANIERE FACILE POUR APPRENDRE A EPELER

(9)

ba	be	bi	bo	bu
ca	ce	ci	co	cu
ka	ke	ki	ko	ku
da	de	di	do	du
fa	fe	fi	fo	fu
ga	ge	gi	go	gu
ja	je	ji	jo	ju
la	le	li	lo	lu
ma	me	mi	mo	mu
na	ne	ni	no	nu
pa	pe	pi	po	pu
ra	re	ri	ro	ru
sa	se	si	so	su

ta	te	ti	to	tu
va	ve	vi	vo	vu
xa	xe	xi	xo	xu
za	ze	zi	zo	zu

ab	eb	ib	ob	ub
ac	ec	ic	oc	uc
ad	ed	id	od	ud
af	ef	if	of	uf
al	el	il	ol	ul
an	en	in	on	un
ap	ep	ip	op	up
as	es	is	os	us
at	et	it	ot	ut

a-bat-tu.	of-fi-ce.
ad-mi-re	i-do-le.
é-lo-ge.	o-pé-ra.
as-si-du.	en-ne-mi
at-te-lé.	o-li-ve.
a-va-re.	i-ma-ge.
ô-ta-ge.	dé-cè-le.
in-sen-sé.	o-bo-le.
ap-pe-lé	o-pi-um.
dif-fé-ren-te	hé-ro-ï-que.
hu-mi-di-té.	in-dé-fi-ni.
vé-ra-ci-té.	py-ra-mi-de.
mo-no-po-le.	da-rio-le.
cu-pi-di-té.	al-li-an-ce.
che-vro-ti-ne	di-vi-ni-té.

(15)

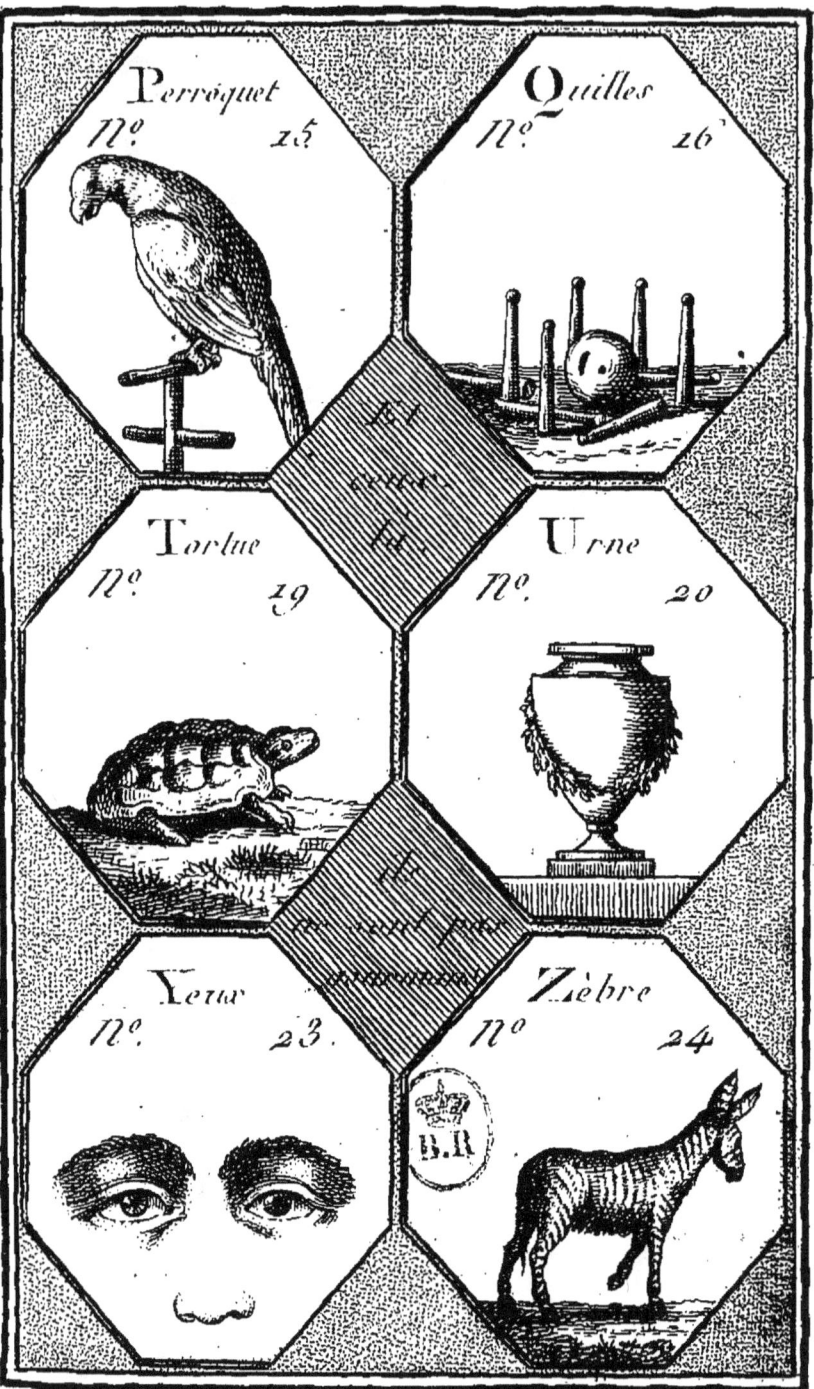

Dieu. — bon. — ciel. So leil. - ter re. - hom me. — a ni maux. — pein tre. pa pa. — ma man. — fleur. sen si ble. - lé gu me. - frè re. — cam pa gne. — fil le. œuf. - vi gno ble. - bruit - ar moi re. - on. - mou tar de. - pos si ble. - pan tou fle. — ba vard. — ba bil lard. — che mi se. — ta ba ti è re. tem pé ran ce. - main te nant. — pro di gi eu se ment. — con fi tu re. — gloi re. - vo lon tai re ment. - serment — han ne ton. — bel le ce ri se. - mou ton. - che val.

Phrases suivies.

Aime bien ton papa.
Caresse bien ta maman.
Sois sage et obéissant.
Parle bien distinctement.
On embrasse les enfans bien sages
Les menteurs sont détestés.
On se moque des gourmands.
Ne fais point de mal au minet.
Il ne faut pas être méchant.
Médor est bien caressant.
Il faut savoir manger de tout.
Le feu brûle les petits enfans qui y touchent.
Prie Dieu; suis la religion de tes pères.
Ne fais pas à autrui ce que tu ne voudrais pas qu'on te fît.

(19)

Enfans, soulagez vos Pères et Mères dans leur vieillesse, souvenez vous des soins qu'ils ont pris de (JOB) votre enfance

a b c d
e f g h
i j k l
m n o p
q r s t u
v x y z &

Respectez les Vieillards écoutez leurs conseils; il faut obéir à ses maîtres, de bonne volonté; servir ses amis de bon cœur; faites le bien pour le plaisir de faire des heureux

Il ne faut pas jeter le pain à terre, il y a tant de gens qui n'en ont pas assez.

Vois-tu ce petit garçon dans la rue ? il n'a sûrement pas déjeûné, car il pleure, en tendant son chapeau aux passans. Donne-lui de ton pain. Vois comme il mange avec appétit. Tu es bien content, n'est-ce pas, de l'avoir rendu si joyeux ?

O maman, comme il fait froid ! comment feront les petits enfans qui n'ont ni bas ni souliers pour se chausser ? il faut leur donner quelques pièces de monnoie ; leur maman leur en achetera, et ils diront : Le petit garçon a bon cœur, nous l'aimons bien.

www.ingramcontent.com/pod-product-compliance
Lightning Source LLC
Chambersburg PA
CBHW071418060426
42450CB00009BA/1938